AF249905

# SOCIÉTÉ D'ALSACE-LORRAINE

DE LA

## PROVINCE D'ORAN

# PROCÈS-VERBAL

DE LA

## RÉUNION GÉNÉRALE DU 13 DÉCEMBRE 1884.
## 8 HEURES DU SOIR

ORAN

TYPOGRAPHIE ET LITHOGRAPHIE AD. PERRIER

13, boulevard Oudinot, 13.

1885

# SOCIÉTÉ D'ALSACE-LORRAINE DE LA PROVINCE D'ORAN

# PROCÈS-VERBAL

## DE LA

## RÉUNION GÉNÉRALE DU 13 DÉCEMBRE 1884,

## 8 HEURES DU SOIR

Aujourd'hui, 13 décembre 1884, les membres de la Société dûment convoqués se sont réunis dans la salle des audiences du tribunal de commerce.

Sont présents au bureau du Comité :

MM. Hentschel, président ;
    Lapierre, trésorier ;
    Diot, secrétaire ;
    Gradwohl ;
    Pascali ;
    Lienhardt.

Sont absents :

MM. Mathieu ;
    Engler ;
    Zimmermann.

M. Hentschel, après avoir invité à se faire inscrire les assistants ne faisant pas encore partie de la Société, donne lecture de l'ordre du jour ainsi composé :

Exposé de la situation financière et des opérations de la Société depuis la dernière réunion générale ;

Mesures à prendre ;

Renouvellement par tiers des membres du Comité.

Se font inscrire comme membres :

MM. BRUNENSTEIN, peintre à Oran, place de l'Hôpital.

FIACRE, François, tailleur à Oran, rue Philippe, 54.

MULER, Joseph, épicier à Oran, rue de Turin.

PFIFFERLING, Alfred, employé de commerce.

SOMMER, Joseph, propriétaire au Tlélat.

SCHMUTZ, Eugène-Frédéric, sous-lieutenant au 2° zouaves.

VERCK, Auguste, agent de police à Oran.

VOGIN, François, employé au chemin de fer.

WASMER, Mathias, employé à Oran, Saint-Antoine.

M. Bichon, sociétaire, ayant reçu mission spéciale ad hoc, fait inscrire :

MM. CLAUDOT, employé au Franco-Algérien à Arzew.

STEINMETZ, employé au Franco-Algérien à Arzew.

TISSERAND, professeur au lycée d'Oran.

Le secrétaire donne lecture des adhésions à la société faites depuis la dernière réunion générale par

MM. BAUMANN, garde forestier à Zemmorah (23 octobre 1883).

CHAROY, contrôleur des Contributions directes à Tlemcen (18 mars 1884).

ETIENNE, député d'Oran, lettre du 31 juillet 1883.

KRIÉGER, pharmacien à Oran, adhésion verbale (30 octobre 1883).

LECLERC de Landremont, capitaine au 2$^{me}$ zouaves (19 janvier 1884).

MEYER, Armand, contrôleur des Contributions directes à Mascara (11 janvier 1884).

SCHERER, Adolphe-Joseph, employé des postes et télégraphes à Hammam-bou-Hadjar (18 mars 1884).

UHLMAN, docteur en médecine à Mascara, membre du Conseil général (11 octobre 1883).

Le Comité vote à l'unanimité l'admission des nouveaux membres désignés ci-dessus.

Un doute s'étant élevé sur la nationalité d'un sieur Folmer ou Wolmer se présentant comme Alsacien, il est sursis à son admission comme membre de la Société. Le secrétaire se charge de la vérification à faire et au besoin, de la part du Comité, de l'annulation ou de l'admission.

Le secrétaire donne lecture des noms des sociétaires anciens qui ont cessé de faire partie de la Société; ce sont :

MM. BORNER, décédé en avril 1884.

      BIDORFF, maire de bou-Tlélis, décédé.

      BECK, garçon de bureau à la Préfecture, démissionnaire du 8 mars 1884.

      BRAUN, comptable à Bel-Abbès, décédé en octobre 1884.

      GRUCKER, administrateur de Nédromah, parti sans laisser d'adresse.

      KUNTZ, vicaire, démissionnaire du 12 décembre 1884.

      MITSCHLER, démissionnaire du 8 août 1883.

Le président invite le secrétaire à lire l'exposé de la situation financière et des opérations de la Société depuis la dernière réunion générale.

Le secrétaire lit le rapport suivant :


« Messieurs et Chers Compatriotes,


« J'ai l'honneur de vous présenter, au nom de votre Comité d'administration, l'exposé de la situation financière et le résumé des opérations de la Société depuis la dernière réunion générale qui a eu lieu au mois de juin 1883.

« Toutes les dépenses faites ont été mandatées par votre Président, les mandats quittancés et accompagnés des pièces justificatives sont entre les mains de votre Trésorier.

« Voir la note certifiée par M. Lapierre, ci-jointe :

# SITUATION

## DE LA

## SOCIÉTÉ D'ALSACE-LORRAINE

### A la date du 31 octobre 1884

Les admissions des sociétaires depuis la création de la Société, jusqu'au 31 octobre 1884, se sont élevées au chiffre de      147
de ce chiffre, il y a lieu de déduire ceux des sociétaires qui ont fait mutation.

### SAVOIR :

| | | |
|---|---|---|
| Démissionnaires .................................................. | 4 | |
| Décédés............................................................ | 8 | 19 |
| Départs et refus ................................................ | 7 | |

Reste au 31 octobre 1884 ...................... 128

Parmi ces 128 sociétaires, il y en a un certain nombre qui n'habitent plus Oran, mais qui comptent toujours dans la Société comme n'ayant pas donné leur démission, seulement, la plupart d'eux ne paient pas.

### Situation financière

Recettes effectuées du 30 mai 1882, époque de la création, jusqu'au 31 décembre 1882, ci..................................... 1.050ᶠ »
Du 31 décembre 1882 au 31 octobre 1884.     2.261ᶠ »

*A reporter*..... 3.311ᶠ »

|  |  |
|---|---|
| *Report*...... | 3,311ᶠ » |
| Versé par M. Hentschel.............. | 110ᶠ » |
| Subvention préfectorale............. | 1.000ᶠ » |
| Cotisations ........................... | 2 201ᶠ » |
| Egal ............ | 3.311ᶠ » |

## Dépenses

|  |  |  |
|---|---|---|
| Les dépenses effectuées du 30 mai 1882 au 31 décembre même année, sont de | 703ᶠ 20 | |
| Les dépenses faites du 31 décembre 1882 au 31 octobre 1884 de.......... | 2.071ᶠ 35 | |
| Total............ | 2.774ᶠ 55 | |
| Totaux.......... | 2.774ᶠ 55 | 3.311ᶠ » |
| Report des dépenses................. | | 2.774ᶠ 55 |
| Solde en caisse le 31 octobre 1884.... | | 536ᶠ 45 |
| Les dépenses faites, se détaillent ainsi : Frais d'installation................. | 278ᶠ 75 | |
| Secours en argent, en vêtements ; frais d'hospitalisation, de timbres et de secours de route, ci .............. | 2.495ᶠ 80 | |
| Egal............ | 2.774ᶠ 55 | |

Le trésorier tient à faire remarquer, que le plus grand nombre de sociétaires ne paient pas la cotisation, il en est même qui n'ont encore rien payé.

Oran, le 26 novembre 1884.

*Le Trésorier,*

LAPIERRE.

« Nous devons vous faire connaître que le Conseil général du département nous a alloué en 1884, la subvention de 500 francs qu'il nous avait accordée en 1883, que cette faveur nous a été votée également pour 1885, et que la commune de Perrégaux nous a spontanément fait don en 1884, d'une somme de vingt-cinq francs.

« Depuis la date de la situation de caisse qui vous a été présentée ci-dessus, diverses sommes y ont été versées et diverses dépenses ont été faites. Notre trésorier est à même de vous en donner le détail.

« Il est à espérer que ceux des sociétaires qui n'auraient pu jusqu'ici nous aider de leurs cotisations, s'empresseront de le faire, et, sur ce point nous serons appelés tout à l'heure à vous proposer une rédaction nouvelle annulant le § 1 de l'art. 21 et l'art. 23 des statuts.

« Ces modifications doivent être adoptées par l'Assemblée générale conformément à l'article 31.

« Depuis notre dernière réunion générale nous avons eu à secourir et à placer environ une centaine de compatriotes ; nous en sommes au chiffre de 259 depuis notre création. Dans ce nombre je ne comprends pas ceux qui, de passage à Oran, ont reçu de notre président des secours à titre d'aumône.

« Toutes les sommes dépensées, de quelque nature qu'elles soient, sont mandatées par lui, acquittées par les preneurs et sont entre les mains de notre trésorier.

« Sur les cent environ qui se sont adressés à nous, que nous avons aidés soit de vos fonds, soit de nos démarches, 69 ont été placés ; la plupart sont encore dans les places qu'ils ont occupées dès le début ; d'autres les ont quittées pour une situation meilleure ; d'autres les ont abandonnées ou ont été forcés de les quitter ; ces derniers sont en très-petit nombre heureusement.

« En général ceux qui se sont adressés à nous lorsqu'ils étaient encore sous le drapeau de la légion étrangère, ne nous ont donné que de la satisfaction ; vous pouvez en voir un grand nombre encore dans la police municipale d'Oran, administration si difficile, si décriée, si mal soutenue ; ils y ont l'estime de leurs chefs ; cela suffit pour nous qui survellons leur conduite et applaudissons à la lutte que ces braves garçons soutiennent contre tout ce que leur service a de pénible pour ne pas perdre une position qui est leur seul moyen d'existence.

« Souvent nous avons eu affaire à ce que l'on appelle vulgairement, l'armée roulante. Oui ! eh bien, malgré les déceptions que plusieurs nous ont causées, malgré les ennuis que certains nous ont créés, nous devons dire que parmi eux, encore nous en avons recruté et relevé de bien bons.

« Notre Société n'a pas été faite pour refuser irrévocablement sa main à cette classe nécessiteuse de nos compatriotes. Non ; nous essayons de les relever et nous ne cessons nos sacrifices que lorsque nous voyons nos efforts inutiles.

« Je ne dois point commettre ici l'indiscrétion de citer des noms ; mais je puis citer un fait. Eh bien, celui de tous qui avait les plus mauvais antécédents, contre lequel tant de gens se sont acharnés, est aujourd'hui relevé et occupe à Alger, une position qui lui permet de gagner sa vie.

« L'armée roulante, messieurs, n'est point seulement composée de gens sans conduite, sans moralité, sans aveu. Nous en avons vu de bien honnêtes ; des familles qui sont venues s'adresser à nous, qu'un coup de fortune mauvaise amenait en Algérie croyant y trouver merveilles et qui se trouvaient en face des déceptions ; d'autres souvent, et nous en avons eu une preuve toute récente, entrent dans les rangs de cette armée non par leur faute, mais par suite de faits dont la responsabilité morale ne leur appartient pas. Et puis, en définitive, ce sont des malheureux toujours et avant de les abandonner, nous aimons à faire tout ce que nous pouvons et tout ce que nous devons au malheur.

« A la demande de plusieurs sociétaires, messieurs, et pour faciliter l'admission d'un plus grand nombre, nous vous proposerons d'annuler le § 1er de l'art. 22 et l'art. 23 des statuts qui sont ainsi conçus :

ART. 22.

« Les revenus de la Société se composent :

« 1º De la cotisation annuelle des membres, laquelle est fixée à
« 10 francs, payables dans les trois premiers mois de l'année ;

### Art. 23.

« Tout sociétaire qui négligerait de verser sa cotisation serait,
« après deux ans de retard, considéré comme démissionnaire. »
et d'y substituer la rédaction suivante :

### Art. 22.

« Les revenus de la Société se composent :
« 1° Des cotisations dont le montant est laissé à la disposition des
moyens pécuniaires de chaque sociétaire.

### Art. 23.

« Le non versement à la caisse du trésorier d'une cotisation
quelconque n'empêche pas de faire partie de la Société. Les
conditions d'admission et d'exclusion prévues aux articles 6 et 13
étant rigoureusement maintenues.

« Il nous reste messieurs à vous parler maintenant du concours
que chaque sociétaire doit à la Société. Ceux qui pourront verser
leur cotisation de 10 francs la verseront ; c'est un engagement
d'honneur ; ceux qui ne le pourront pas, verseront ce qu'ils
pourront. Mais chacun doit son dévouement.

« C'est surtout par nos démarches et nos instances que nous
sommes parvenus à créer une situation, si petite quelle soit, à
ceux qui se sont adressés à nous.

« A mérite égal entre nous, le compatriote doit avoir la préfé-
rence sur les autres.

« Il s'est créé de par l'opinion publique un de ces mots qui fait
tant de mal et qui à la force d'un préjugé : « c'est un Alsacien » ;
un mot de réprobation que souvent j'ai entendu traduire par ce
mot odieux : « c'est un Allemand ! » Eh bien, il faut que du
moment qu'un compatriote sera patronné par la Société, tous les
membres s'efforcent de le tirer d'embarras et l'aident, dans la
mesure de leurs forces, à trouver une situation et du travail.

« Nous valons bien les autres ; nous valons bien les étrangers !
Pourquoi y en aurait-il parmi nous qui donneraient à ces derniers
les préférences qu'eux se garderaient bien de nous donner ? »

M. Hentschel, président, met ensuite en discussion les modifications proposées à la rédaction du § 1er de l'art. 21 et de l'art. 23 des statuts.

Les propositions du Comité sont adoptées en ce qui concerne le § 1er de l'art. 21 et celles concernant l'art. 23 sont adoptées dans la forme suivante :

### Art. 23.

Le non versement à la caisse du trésorier d'une cotisation quelconque n'empêche pas de faire partie de la Société si le sociétaire justifie qu'il est dans l'impossibilité de le faire ; les conditions d'admission et d'exclusion prévues par les articles 6 et 13 étant rigoureusement maintenues.

M. le Président invite MM. les sociétaires présents à procéder par tirage au sort au renouvellement par tiers des membres du Comité.

Les noms de neufs membres sont inscrits sur des feuilles de papier, vérifiés par M. Bichon, sociétaire, et mis dans une urne.

Le sort désigne comme membres sortants, MM. Lapierre, Diot et Zimmermann.

Il est procédé à l'élection des membres nouveaux.

Un membre du Comité désigne aux sociétaires, comme candidats, les membres sortants ; un membre du Comité s'oppose à cette désignation, qui ne laisse pas, ou ne semble pas laisser aux membres présents, la liberté du choix.

MM. Lapierre et Diot sont unanimement élus. M. Antoine chef d'institution, est élu troisième et est proclamé par M. le Président membre du Comité, en remplacement de M. Zimmermann.

Le Comité ne juge pas à propos de renouveler son président, son trésorier, ni son secrétaire.

### ADDITION AU PROCÉS-VERBAL

Au cours de la discussion sur les articles 21 et 23 des statuts, un membre du Comité émet la proposition de dissolution de la Société. MM. Lienhardt et Paschali s'opposent de la façon la plus énergique à cette motion, qui est une désertion de l'idée première, un abandon du sentiment patriotique qui l'a fait naître ; un .autre membre du Comité déclare que si la Société est disjointe, il la reconstituera sur les mêmes bases et malgré le peu de ressources qu'elle a à sa disposition. La motion de dissolution est unanimement repoussée

Le président déclare l'ordre du jour épuisé et après avoir demandé le vote des remerciments au Conseil général et à la commune de Perrégaux, déclare la séance levée, l'impression et la distribution aux sociétaires du présent Procès-verbal.


Oran, le 13 décembre 1884. — 10 heures du soir.


|  |  |  |
|---|---|---|
| *Le président,* | *Le trésorier,* | *Le secrétaire,* |
| HENTSCHEL. | LAPIERRE. | DIOT. |

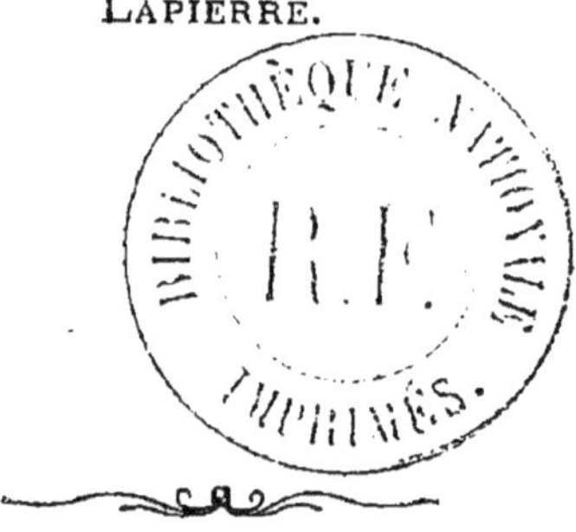